| 정브르

130만 구독자를 보유한 생물 크리에이터. 곤충과 파충류부터 바다생물까지 다양한 생물을 소개하는 참신한 콘텐츠를 선보이며 생물 전문 크리에이터로 큰 사랑을 받고 있답니다. 유튜브 채널에서 동물 사육, 채집, 과학 실험 등의 재미있고 유익한 영상을 소개하고 있으며, 도서와 영화를 통해 고유의 콘텐츠와 더불어 동물을 사랑하는 마음까지 대중에게 알리고 있어요.

1판 1쇄 발행 2023년 5월 1일
1판 8쇄 발행 2025년 3월 4일

발행인 | 심정섭
편집인 | 안예남
편집장 | 최영미
편집자 | 손유라
브랜드마케팅 | 김지선
출판마케팅 | 홍성현, 김호현
제작 | 정수호

발행처 | (주)서울문화사
등록일 | 1988년 2월 16일
등록번호 | 제 2-484
주소 | 서울특별시 용산구 새창로 221-19
전화 편집 | 02-799-9375 **출판마케팅** | 02-791-0708
본문 구성 | 덕윤웨이브 **디자인** | 권빈

ISBN 979-11-6923-746-8
　　 979-11-6438-488-4 (세트)

©정브르. ©SANDBOX NETWORK Inc. ALL RIGHTS RESERVED.

차례

탐구 브르의 아마존 탐구 노트-① • 4

1화. 브르, 아마존으로 떠나다! • 6
아마존의 동물 보호소 • 12

2화. 폭우를 뚫고 피라냐 낚시를 가다! • 22
아마존 정글 탐험! • 29

놀이 브르의 다른 그림 찾기 • 38

3화. 무시무시한 타란툴라 • 40
아마존강에서 낚시를! • 47

4화. 페트병 트랩 설치하기 • 56
군대개미를 찾아라! • 64

5화. 생닭 통발을 던지면 생기는 일-① • 72
생존을 위해 먹는 생물? • 80

| 놀이 | 브르의 미로 찾기 | • 88

6화. 브르의 신나는 야간 탐사 • 90

브르가 애타게 찾는 곤충은? • 97

| 탐구 | 브르의 아마존 탐구 노트-② | • 106

7화. 생닭 통발을 던지면 생기는 일-② • 108

전기뱀장어를 만날 수 있을까? • 115

8화. 드디어 발견! 아마존 최강 곤충은? • 124

안녕, 아마존! • 132

| 놀이 | 브르의 숨은 그림 찾기 | • 140

정답 • 142

브르의 아마존 탐구 노트-①

가장 큰 열대 우림 아마존

아마존강돌고래

커다란 강, 아마존강

남아메리카에 위치한 아마존강은 *면적이 약 7,050㎢으로 세계에서 가장 커다란 강이에요. 길이는 약 6,679km로 세계에서 가장 긴 나일강 다음으로 기다란 강이지요. 아마존강은 브라질 북부, 페루, 콜롬비아 등 남아메리카의 여러 국가에 걸쳐 있어요.

지구의 허파, 아마존 열대 우림

거대한 아마존강 주변의 아마존 열대 우림은 지구에서 가장 커다란 규모의 열대 우림이에요. 아마존 열대 우림의 울창한 나무숲은 이산화탄소를 흡수하고 지구의 산소를 20% 이상 만들어 '지구의 허파'라고도 불리죠. 아마존 열대 우림에는 50만 종 이상의 동식물이 살고 있어요.

*면적: 공간을 차지하는 넓이의 크기

눈물의 땅, 아마존

1541년, 신대륙을 다녀온 사람들에게 전설로 여겨지던 황금 도시 '엘도라도'를 찾으러 떠난 '피사로'의 에스파냐 원정대가 항해 중에 강을 발견했어요. 피사로의 사촌인 '오레야나'는 이 강을 탐사하며 원주민의 공격을 여러 번 받았지요. 그 과정에서 활을 쏘며 대항하는 여전사들을 마주했는데, 이들의 모습이 그리스 로마 신화의 여전사, '아마조네스'처럼 느껴졌대요. 그래서 강의 이름을 '아마존'이라 붙여 주었어요.

아마존이 유럽인들에게 발견된 이후, 평화로웠던 아마존은 눈물의 땅으로 변하게 돼요. 아마존에 살고 있었던 원주민들은 침략자들이 아마존으로 가져온 감염병으로 고통받고, 과도한 개발 때문에 산림이 황폐해지기도 했지요. 결국 지연이 보존되어 있던 아마존 얼데 우림과 아마존강은 눈물의 땅이 되고 말았어요.

브로와 아마존 탐험을 시작하자!

1화
브르, 아마존으로 떠나다!

고고~!

비행기를 타고 여행을 시작한 브르! 브르는 어디를 가고 있는 걸까?

슈 웅
페루의 수도, '리마' 도착!

또 비행기를 타고 아마존 여행이 본격적으로 시작되는 *이키토스로 가요.

드디어 제가 '아마존'에 도착했습니다!

아마존 탐험, 시작합니다~!

*이키토스: 아마존강 상류에 있는 페루의 도시.

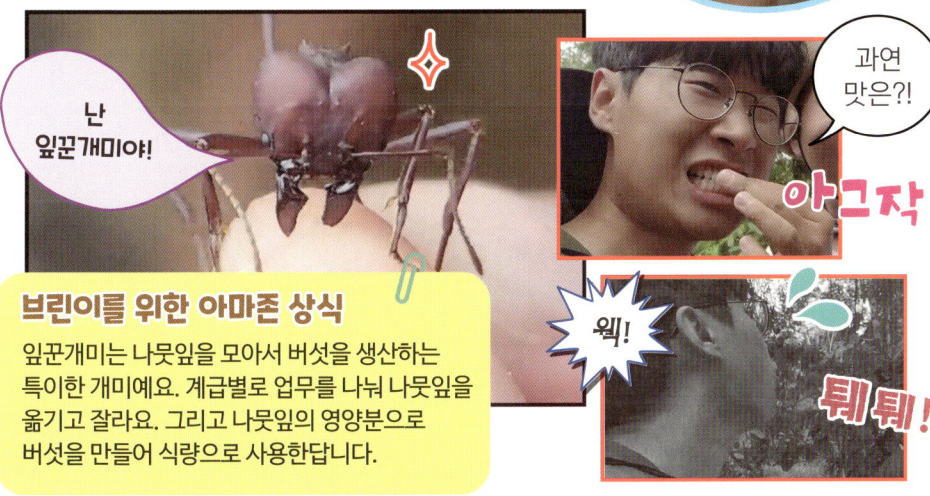

브린이를 위한 아마존 상식

잎꾼개미는 나뭇잎을 모아서 버섯을 생산하는 특이한 개미예요. 계급별로 업무를 나눠 나뭇잎을 옮기고 잘라요. 그리고 나뭇잎의 영양분으로 버섯을 만들어 식량으로 사용한답니다.

이틀 동안 다른 멤버들과 함께 아마존 투어를 할 거예요.

본격적으로 정글에 들어가고 있는데, 어떤 친구들을 만날지 무척 기대됩니다.

저벅 저벅

뾰족

와, 나무가 엄청 뾰족해요.

덜덜

나무도 정말 거대합니다!

거대

가이드님이 뭔가 발견하셨나 봐요.

쓱쓱

짜잔

우아!

총알개미

내가 얼마나 무서운데!

남미 열대 우림에 사는 총알개미는 '콩가개미'라고도 불러요.

굉장히 전투적이고, 개체 수가 적어요.

세계에서 가장 큰 개미 중 하나라고 하죠.

엉덩이에서 침이 나오는데, 여기에 쏘이면 최소 이틀은 굉장히 고통스럽대요.

쏘이지 않게 조심해!

덥고 습해서 온몸이 젖었어요. 역시 이곳은 아마존이군요.

뻘 뻘

도마뱀도 만났어요. 몸 색깔이 참 예쁘네요.

얌 전

아마존에 온 걸 환영해!

11

아마존의 동물 보호소

30분 동안 배를 타고 새로운 장소로 이동했어요.

아무 바위나 뒤집어 보니 밀리패드 새끼들이 있네요!

역시 아마존은 다르지?

꿈틀 꿈틀

브린이를 위한 아마존 상식
'노래기'라고도 불리는 밀리패드는 고약한 냄새를 풍기고 습한 곳을 좋아해요. 몸길이가 2mm인 작은 개체부터 28cm 이상 자라는 커다란 개체까지 다양해요.

지금 도착한 곳은 아마존의 동물 보호소 같은 곳이에요.

구조된 아이들을 치료한 뒤, 보살펴 준다고 해요.

어떤 친구들이 있을까요?

안녕~?

새장에 여러 종류의 새들이 있어요.

모두 구조된 아이들 같아요.

지금 우리는 건강해!

여기 알록달록한 친구가 있네요!

홍금강

안녕하세요?

휴, 땀도 나고 비도 오네요! 얼른 샤워하러 가야겠어요.

어느새 노을이 지는 **아마존!**

정브르의 생물 탐구

거북은 평균 수명이 긴 파충류 중 하나예요.
땅 위에서 생활하는 육지 거북은 다리가 굵고 튼튼하고,
바다에서 생활하는 바다 거북은 다리가 지느러미처럼 생겼지요.

★정브르의 생물 탐구★

생물 이름: 매부리바다거북

입이 매의 부리처럼 뾰족해서 '매부리'라는 이름을 가지게 되었어요.
매부리바다거북의 등딱지를 노린 무분별한 사냥과 환경 오염으로 인해 지금은 멸종 위기 동물로 분류되고 있어요.

영상으로 확인해 봐요!

★정브르의 생물 탐구★

생물 이름: 뱀목거북

뱀목거북은 바다에서 생활하는 수생 거북으로, 목이 뱀처럼 길어서 '뱀목거북'이라는 이름을 가지게 되었어요.
그래서 머리를 등딱지 속에 넣을 때 목을 옆으로 구부려서 넣지요.

영상으로 확인해 봐요!

2화
폭우를 뚫고 피라냐 낚시를 가다!

피라냐 낚시를 가기 전에 어딘가에 들렀는데….

숲으로 들어가는 일행들

어?! 원숭이다!

바나나 냄새가 나는데?

짜 잔

원숭이한테 바나나를 줘 볼게요.

덥 석

와구 와구

역시 원숭이는 바나나지!

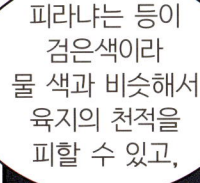

"피라냐는 등이 검은색이라 물 색과 비슷해서 육지의 천적을 피할 수 있고,"

← 등

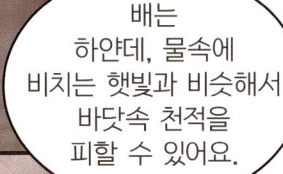

"배는 하얀데, 물속에 비치는 햇빛과 비슷해서 바닷속 천적을 피할 수 있어요."

← 배

브린이를 위한 아마존 상식

보호색이란 풀, 나무 등 자연과 비슷한 색깔로 자신을 숨길 수 있는 색을 뜻해요. 천적에게서 몸을 숨기거나 먹잇감에게 조용히 접근할 때 유용하게 활용돼요.

"일행들이 꽤 많이 잡았어요!"

어느새 가득 찬 피라냐

뉘엿 뉘엿

"이제 돌아가서 피라냐를 먹어 볼게요!"

아름다운 아마존의 저녁 노을

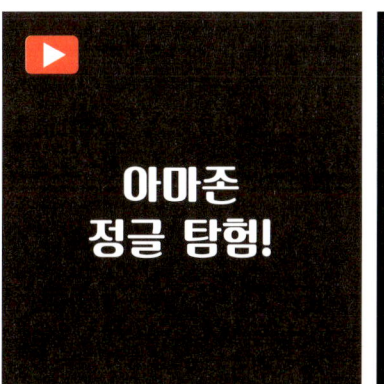

아마존 정글 탐험!

물을 틀면 아마존 강물이 나와서 양치할 때는 생수를 사용하고 있어요.

이제 돌고래를 만나러 갈 거예요!

생수

새벽 4시!

해가 뜨고 있는 아마존강!

이 돌고래는 아마존에서 가장 큰 '아마존강돌고래'라고 해요.

*남획으로 멸종 위기 종이 될 뻔했지만, 보호를 받아 개체 수가 다시 늘고 있어요.

와, 정말 멋져요!

돌고래를 볼 수 있을까?

돌고래가 자주 나타나는 곳에 도착했는데,

먹이 활동을 할 때까지 기다려야 한대요.

*남획: 짐승이나 물고기를 마구 잡음.

이곳에서
아침을
먹기로 했어요!
화려~!
친환경적이네요!
안녕?
설탕에서 개미 발견!
으악!
휘적
휘적
커피에 쏙!
푸짐한 아마존의 아침~!
냠 냠 냠
아침 식사 후
툭 툭
어라?
흰개미
집인가?
으악!
갑자기 도망가는 브르!
뭔가
날아들었어요…!
뭐였지…?

정브르의 생물 탐구

아마존과 주변 열대 우림에서만 볼 수 있는 희귀한 동물도 있어요. 같은 종류의 동물인데도 아마존에 사는 동물들은 몸집이 무척 작거나 커다랗다는 특징이 있지요.

★정브르의 생물 탐구★

생물 이름: 드워프카이만

드워프카이만은 전 세계에서 가장 작은 악어 중 하나로, 평균 몸길이가 고작 1m인 소형 악어예요. 난쟁이처럼 작은 몸 때문에 '난쟁이카이만'이라고 부르기도 해요.

★정브르의 생물 탐구★

생물 이름: 그린아나콘다

최대 7m까지 자라는 그린아나콘다는 아나콘다 중에서도 거대한 편에 속하는 초대형 뱀이에요. 거대한 몸집과 다르게 성격이 순해서 사람을 공격하지는 않아요.

브르의 다른 그림 찾기

왼쪽과 오른쪽 그림을 비교하고 다른 곳 5군데를 찾아봐요.

3화 무시무시한 타란툴라

"숙소 근처에 구멍이 많은 것을 보니, 버로우성 타란툴라가 있는 것 같아요."

"아마존 타란툴라를 관찰해 봐야겠죠?"

브린이를 위한 아마존 상식

타란툴라는 행동 방식에 따라 버로우성, 배회성, 나무위성으로 나눌 수 있어요. '버로우성'은 주로 깊은 땅굴 속에서만 지내요. '배회성'은 굴 근처를 떠돌며 사냥해요. '나무위성'은 나무에 은신처를 만들고 돌아다니며 사냥하지요.

거미줄

"이렇게 땅굴 옆에 거미줄이 있으면,"

"타란툴라가 만든 구멍일 가능성이 굉장히 커요."

"땅을 파서 찾아볼게요."

조심조심

"잡았다!"

"누구야?!"

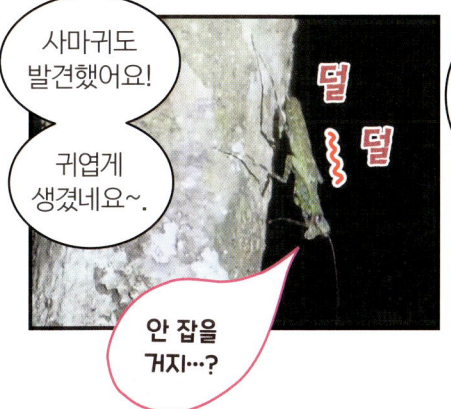

아마존강의 중심으로 이동!

일행이 바로 피라냐를 잡았어요!

저도 얼른 잡을 수 있겠죠?

제발 여기서는 꼭 잡자!

피라냐

감감무소식…

가이드님이 내일 새벽에 다른 곳에 가 보자고 하네요.

처량

결국 실패

다음 날 새벽

동이 트기 시작한 아마존의 아침

덜덜 배가 엄청 흔들려요.

49

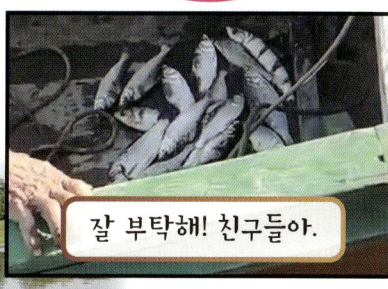

아마존 생선 구이 완성~!

자, 먹어 볼게요~.

보기엔 물고기 찜 같은데…, 정말 맛있어요!

점심을 먹었으니 또 낚시하러 가려는데…,

멈추지 않는 도전!

저번에 못 봤던 아마존강돌고래가 지나가는 것 같아요.

너무 멀어서 잘 안 보여요.

낚시에 집중하는 브르!

계속 시도했지만, 결국 잡고 싶었던 물고기를 못 잡았답니다.

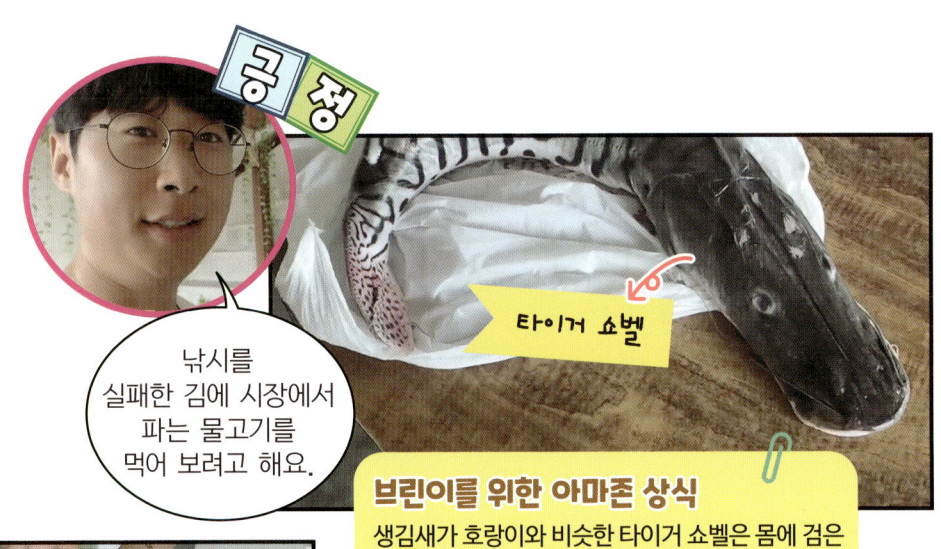

정브르의 생물 탐구

타란툴라는 이빨과 털에 독을 가지고 있는 독거미예요. 몸 전체를 덮고 있는 털은 적이나 먹이의 움직임을 감지하는 감각 기관으로 활용돼요.

★정브르의 생물 탐구★

생물 이름: 골리앗 버드이터

골리앗 버드이터는 세계에서 가장 큰 타란툴라로, 다리 길이만 30cm에 가까이 자라요. '버드이터'라는 이름답게 작은 새도 가뿐히 잡아먹을 수 있지만 땅에서 생활하는 배회성 타란툴라이기에 실제로 새를 잡아먹지는 않아요.

★정브르의 생물 탐구★

생물 이름: 블루그린 핑크토

블루그린 핑크토는 나무 위에서 생활하는 나무위성 타란툴라예요. 성장할수록 점점 색이 진해지다가 다 자라면 짙은 청록색의 아름다운 털을 가지게 돼요.

4화 페트병 트랩 설치하기

이곳은 제가 머무는 숙소예요.

저녁 6시부터 9시까지만 전기가 들어와요.

아마존 강물을 살짝 정수한 물이 나오는데 색이 누렇습니다.

아마존 강물에는 기생충이 있기 때문에

상처가 났을 때나 물을 마실 때 조심해야 해요.

자, 오늘은 페트병 트랩을 만들 거예요.

닭고기를 트랩 안에 넣어서 땅에 묻으면 어떤 생물들이 잡힐까요?

준비물: 포도주, 닭, 페트병, 삽

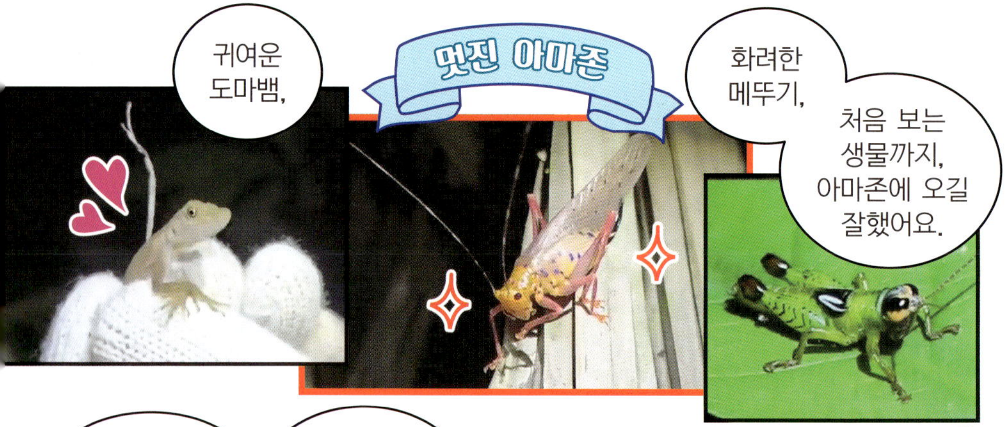

브린이를 위한 아마존 상식

전갈은 몸통 끝에 날카로운 독침을 가지고 있어요. 집게로 먹잇감을 잡아 독침으로 찔러 사냥한답니다. 열을 가하면 전갈의 독이 분해되기 때문에 요리해서 먹을 수 있어요.

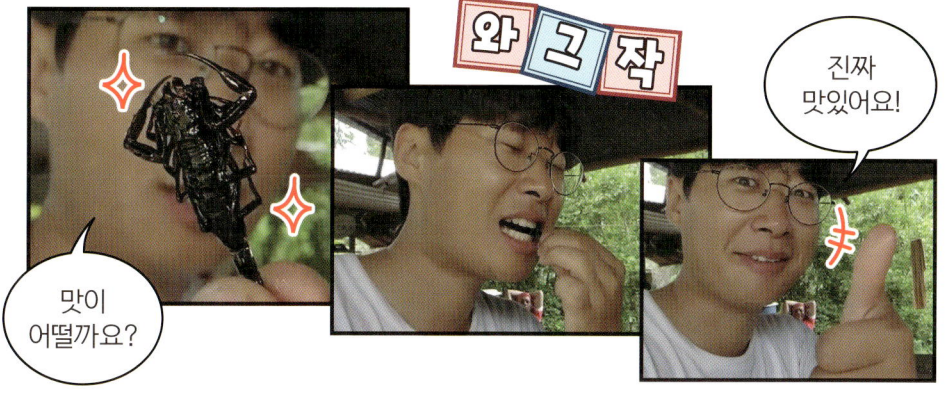

오늘은 제가 정말 보고 싶었던 군대개미를 찾아볼 거예요.

떨리고 기대되네요.

군대개미

브린이를 위한 아마존 상식

협동심이 강한 군대개미는 수만 마리가 하나의 군체를 이루어 생활해요. 턱이 큰 병정개미가 군체를 지키면, 턱이 작은 일개미가 먹잇감을 옮기는 방식으로 사냥하지요.

꼭 찾길 바라~!

ㅋㅋ 원숭이가 배웅해 주네요.

여긴 가이드님 숙소예요.

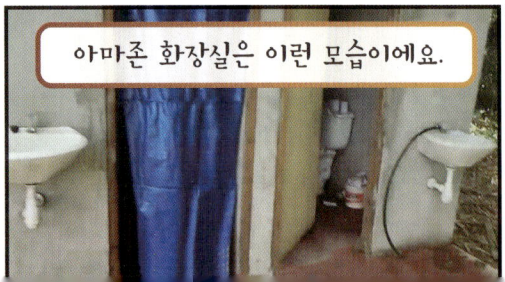

아마존 화장실은 이런 모습이에요.

정브르의 생물 탐구

개미는 몸의 형태, 생활 방식 등에 따라 여러 종으로 분류할 수 있어요. 아마존뿐만 아니라 한국에도 다양한 개미들이 살고 있답니다.

★정브르의 생물 탐구★

생물 이름: 가시개미

가시개미는 가슴과 등쪽에 붉은색 가시가 멋지게 나 있어요.
가시개미 여왕은 페로몬을 복제해 다른 개미 군체에게 잠시 기생하여, 자신을 따르는 일개미를 늘려 가는 특이한 생활 방식을 가지고 있어요.

영상으로 확인해 봐요!

★정브르의 생물 탐구★

생물 이름: 불개미

주로 높은 산에 서식하는 불개미는 일개미의 수명이 다른 개미들에 비해 짧은 대신 번식력이 좋아요. 외부의 공격을 받으면 집단으로 한번에 달라붙어 적에게 반격하기 때문에 함부로 불개미를 건들면 안 돼요.

영상으로 확인해 봐요!

5화
생닭 통발을 던지면 생기는 일 -①

이번에는 한국에서 가져온 통발에 생닭을 넣어서 아마존강과 그 주변에 설치할 거예요.

→ 통발

과연 어떤 생물이 잡힐까요?

통발 안에는 5일 동안 숙성시킨 닭고기를 넣을 거예요.

으, 냄새가….

코를 찌르는 냄새!

↙ 닭고기

우선 통발 두 개는 강에 던질 건데,

건기라 물 깊이가 4m밖에 안 된대요.

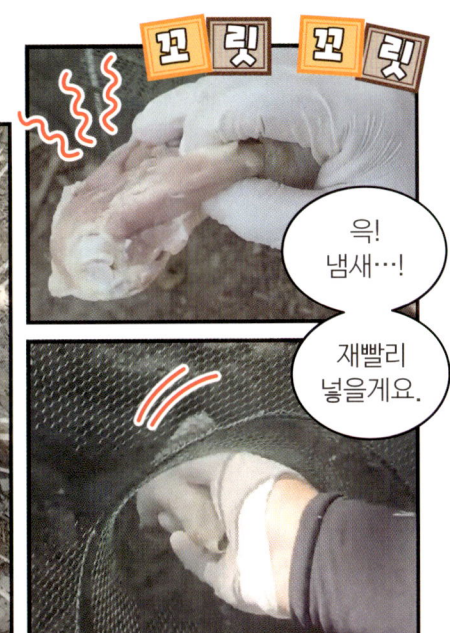

브린이를 위한 아마존 상식
아마존에는 아직 한국에 알려지지 않은 생물들이 많이 살고 있어요. 이런 생물 중에는 위험한 독을 가지거나 사람을 공격하는 종이 있을 수 있기 때문에 조심해서 다루어야 해요.

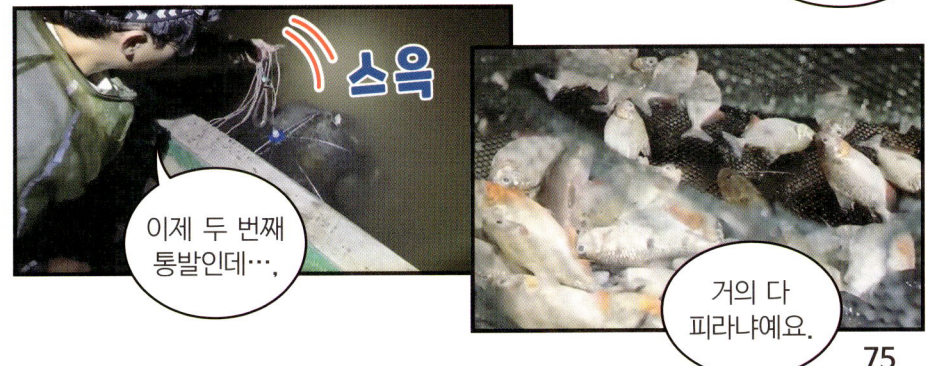

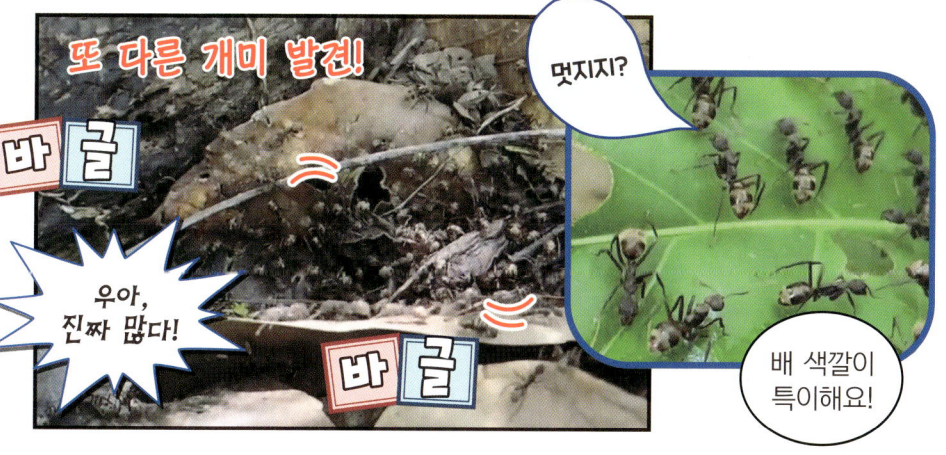

이름 때문에 오해하기 쉽지만 흰개미는 개미가 아니고, 바퀴벌레와 더 가깝다고 해요.

바쁘다, 바빠~!

브린이를 위한 아마존 상식

흰개미는 죽은 나무를 갉아 먹는데 때로는 나무로 만든 가구도 먹어 치워요. 그래서 목조 건축물이나 문화재가 많은 한국에서는 해충으로 불리기도 해요.

영차 영차

지나간다~.

개미

그래~!

흰개미랑 개미가 *공생을 하고 있네요? 정말 신기해요!

흰개미

거대

엄청 큰 개미집이 있어요!

나무를 잘라 준 헌터님!

와~, 생각보다 엄청 커요.

우르르

벌 떼처럼 나오는 개미 떼

*공생: 서로 도우며 함께 삶.

정브르의 생물 탐구

아마존강에는 다양한 수생 생물이 살고 있어요.
그중에는 사람에게 위협적인 '피라냐' 같은 물고기도 있고,
고대서부터 살아온 '아로와나' 같은 물고기도 있답니다.

★정브르의 생물 탐구★

생물 이름: 전기뱀장어

전기뱀장어는 몸속에 있는 발전 기관으로 전기를 만들어 낼 수 있는 신기한 물고기예요.
높은 전류를 방출하기 때문에 맨손으로 만지면 위험해요.

영상으로 확인해 봐요!

★정브르의 생물 탐구★

생물 이름: 피라루쿠

피라루쿠는 아가미 호흡뿐아니라 물 밖으로 머리를 내밀어 공기 호흡을 할 수 있는 신기한 물고기예요. 피라루쿠의 비늘은 굉장히 단단해서, 날카로운 이빨을 가진 피라냐에게 물려도 끄떡없지요.

영상으로 확인해 봐요!

6화
브르의 신나는 야간 탐사

카약을 타고 이동해서 새로운 생물들을 만나 볼게요!

이번에는 꼭 군대개미를 만나고 싶어요.

예쁜 호숫가에 도착!

감탄

정말 멋지다~!

두근
새로운 장소에 도착했어요.

두근두근
해가 지면 야행성 생물들이 많이 나올 거예요.

정말 귀여운 개구리 친구.

예쁜 색깔의 플라나리아 발견!

나무에 기생하는 기생식물!

마치 땅 아래에 뿌리를 내리듯 나무에 뿌리를 퍼뜨려 달라붙어 있어요.

브린이를 위한 아마존 상식
기생식물은 다른 식물로부터 영양분을 얻어 생활해요. 광합성을 못해서 다른 식물에게서 모든 영양분을 공급 받는 '완전기생식물'과 스스로 광합성을 하면서 부족한 영양분만 공급받는 '반기생식물'로 나뉘어요.

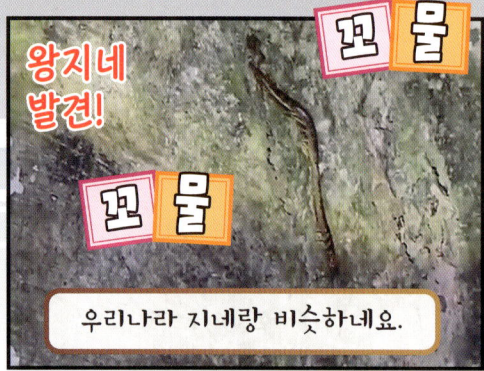
왕지네 발견!
우리나라 지네랑 비슷하네요.

와아 이 나무 엄청 길어요.

잘 정돈된 아마존 마을!

여기는 제가 머무는 숙소의 옆 마을이래요.

무척 평화로운 모습이네요.

안녕!

잎꾼개미들이 잘라 간 흔적이네요.

여기저기 잘려 있는 이파리들

흰개미 집도 있고요.

흰개미 엄청 많다.

어?! 군대개미?!

타다다

바쁘다, 바빠!

드디어 군대개미 발견 성공?!

군대개미 역시 다양한 계급이 존재하는데,

일개미는 몸 크기에 따라 3단계 정도로 구분되어

먹이를 나르는 등의 일을 해요.

일개미

브린이를 위한 아마존 상식

군대개미는 수만 마리의 개체가 모여 함께 생활해요. 그만큼 영양분 공급을 위한 먹이가 많이 필요하죠. 그래서 군대개미 군체는 임시 휴식처만 만들고 계속해서 먹잇감을 찾아 이동하는 방식으로 생활해요.

병정개미는 몸 크기에 따라 2단계로 구분하는데,

큰 개체

작은 개체

큰 병정개미는 아래 사진처럼 턱이 갈고리 모양으로 생겼어요.

다른 개미들이 움직일 때 옆에서 보디가드 역할을 합니다.

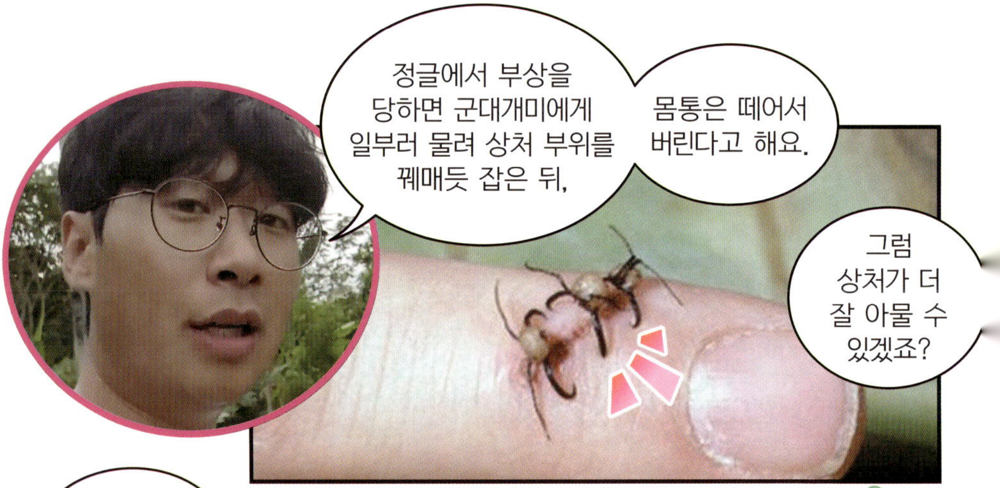

정글에서 부상을 당하면 군대개미에게 일부러 물려 상처 부위를 꿰매듯 잡은 뒤, 몸통은 떼어서 버린다고 해요.

그럼 상처가 더 잘 아물 수 있겠죠?

다트프록이다!

브린이를 위한 아마존 상식
다트프록은 치명적인 독을 가진 개구리로, 이 독은 사냥이나 전쟁에 활용할 정도로 독성이 강하다고 해요. 하지만 야생에서 특정한 생물을 먹어야만 독이 생기기 때문에, 사육되는 개체에는 독이 없는 경우가 많아요.

덥석

맨손으로 다트프록을?

와, 대단하….

놓쳤다….

나무 타는 이구아나

다트프록은 위험해~!

다양한 생물을 만났지만…, 결국 군대개미를 못 봤어요~.

104

정브르의 생물 탐구

개구리는 길게 발달한 뒷다리를 이용해서 높이 뛸 수 있어요.
올챙이 시절에는 꼬리가 있지만, 자라면서 꼬리가 사라져요.

★정브르의 생물 탐구★

생물 이름: 우유개구리

스트레스를 받았을 때 우유 같은 흰색 액체를 분비해서 '밀키프록'이라는 이름을 가지게 되었어요. 황금색의 눈과 갈색 줄무늬, 얼룩덜룩한 반점의 무늬가 아름다운 개구리지요.

★정브르의 생물 탐구★

생물 이름: 뿔개구리

'팩맨개구리'라고도 불리는 뿔개구리는 약 10cm로 몸집이 크고 큰 입을 가지고 있는 대형 개구리예요.
입이 크고 먹성이 좋아서 자신보다 더 큰 몸집의 먹이도 잡아먹을 수 있어요.

브르의 아마존 탐구 노트-②

불에 타는 아마존 열대 우림

숲에 난 불을 끄는 모습

아마존을 지켜라!

브라질은 아마존 열대 우림의 약 60%를 차지해요. 최근 브라질에서 고속도로를 만드는 등 과도한 개발로 화재, 산림 파괴, 가뭄 등의 문제가 늘어나며 전 세계가 긴장하고 있어요.

엄청난 규모의 농장에서 소를 키워 소고기를 수출하는 브라질은 농장을 만들기 위해 아마존 열대 우림의 나무를 베고, 불로 태운다고 해요.

아마존강과 아마존 열대 우림이 파괴되며 지구가 맞이한 기후 위기는 점점 더 심해지고 있어요. 지구의 허파 역할을 하던 아마존에서 이산화 탄소를 산소로 바꾸는 양이 줄어들었기 때문이지요.

결과적으로 지구에 이산화 탄소의 양이 늘어나며 기후 변화가 심해지고 아마존의 강수량도 줄어들었어요. 비가 적게 오면서 아마존 열대 우림의 식물이 잘 자라지 못하고 가뭄까지 찾아왔다고 해요.

아마존 빅토리아 수련

맹그로브

다양한 식물

아마존에는 다양한 식물도 살고 있어요. 그중 '크가시여꽃'이라고도 불리는 '아마존 빅토리아 수련'은 지름이 1m가 넘을 정도로 거대해 어린 아이가 앉아도 가라앉지 않는다고 해요.

열대 지역의 강이나 바다 근처에서 자라는 식물인 '맹그로브'는 물속에 뿌리를 내려 평소에는 물속에 깊이 잠겨 있어요. 맹그로브는 해양 생태계를 유지하는 데 도움이 되는 식물이에요.

와, 정말 신기하다!

7화
생닭 통발을 던지면 생기는 일-②

어제 정글을 탐험하다가 깊은 계곡을 발견했어요.

거기에 생닭 통발을 한 번 더 넣어서 어떤 생물이 나올지 볼 거예요.

두근 두근

더 깊은 정글로 출발~!

통발은 3개 넣을 거고, 무려 6일이나 숙성시킨 닭을 준비했어요.

생닭 냄새 맡고 많이 잡히길요!

완전 신나요!

비가 많이 와서 기온이 20도 초반이에요.

새벽에는 17~18도까지 떨어져서, 잘 때 너무 추웠습니다.

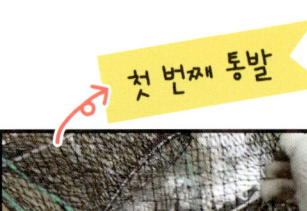

"가이드님이 이런 통발을 신기하게 보네요."

"아마존 어부들은 페트병에 그물을 걸어서 그냥 일자로 쭉 늘여 놓거든요."

"모두 설치했어요!"

내일 보자!

다음 날

"어제 설치한 통발을 확인하러 갈까요?"

기대

두근 멋진 친구들이 잡혔기를…!

그새 물이 빠진 웅덩이!

첫 번째 통발

불안 통발이 드러나 있어요.

다급

일단 끈을 풀고….

111

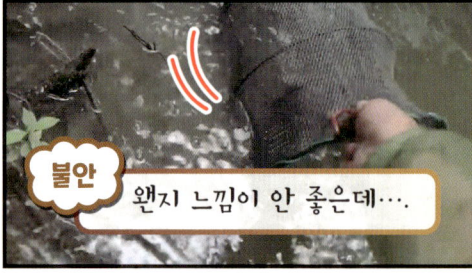

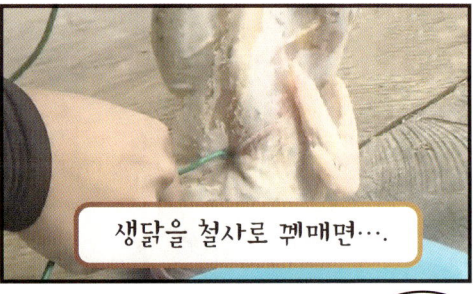

열심히 흔들어야 모여들어요.

물고기다! 대야 준비!

잡았다!

첨벙 첨벙

여긴 어디…?

메티니스가 잡혔네요!

무서워!

피라냐랑 굉장히 닮은 친구예요.

브린이를 위한 아마존 상식
메티니스는 무리를 지어 생활하는 습성을 가진 물고기예요. 은색으로 반짝이는 비늘 때문에 '실버달러'라고 불리기도 해요.

뾰족

이빨도 있는데, 엄청 날카로워요.

이번엔 반대편에서 해 볼게요.

117

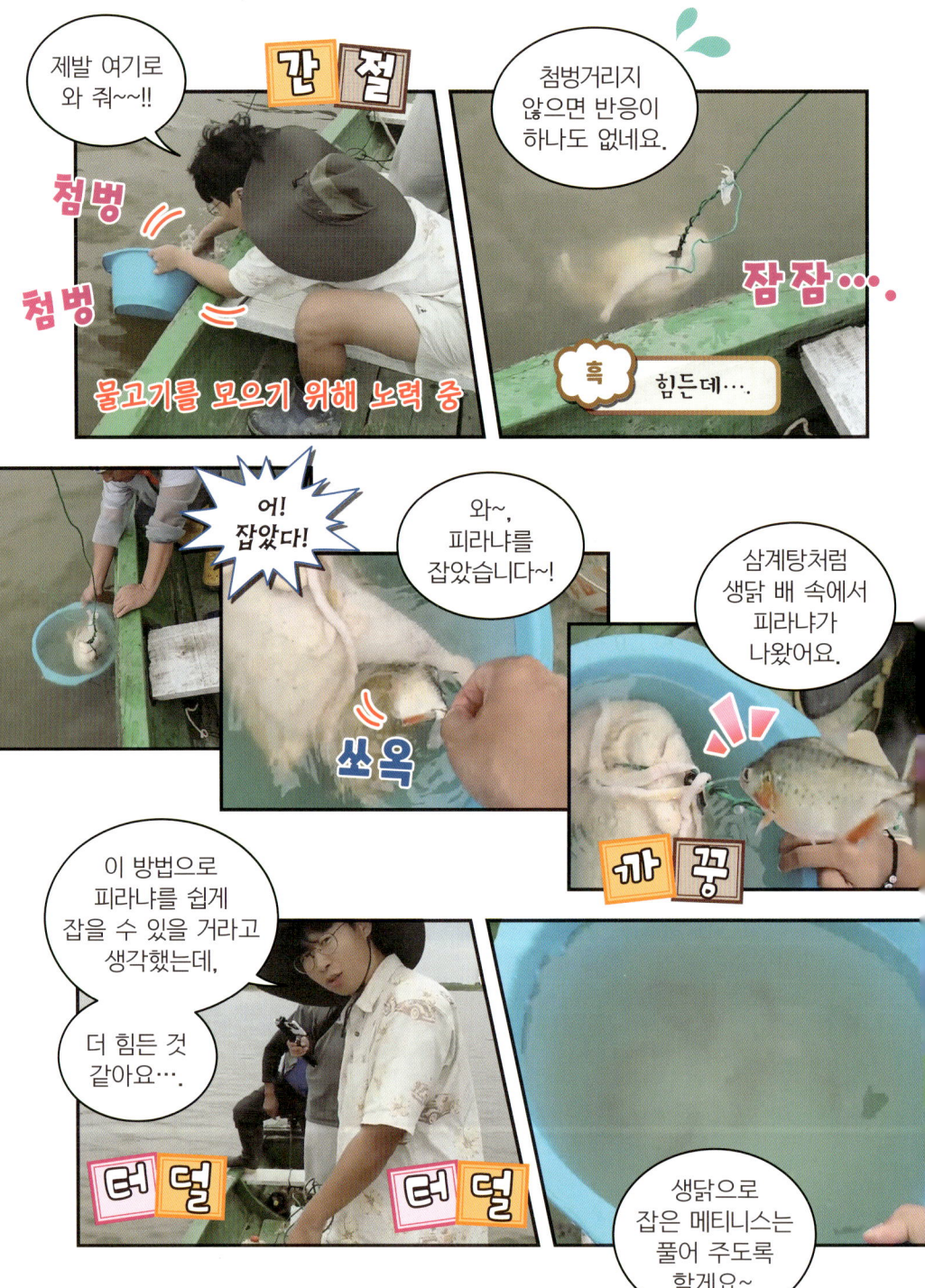

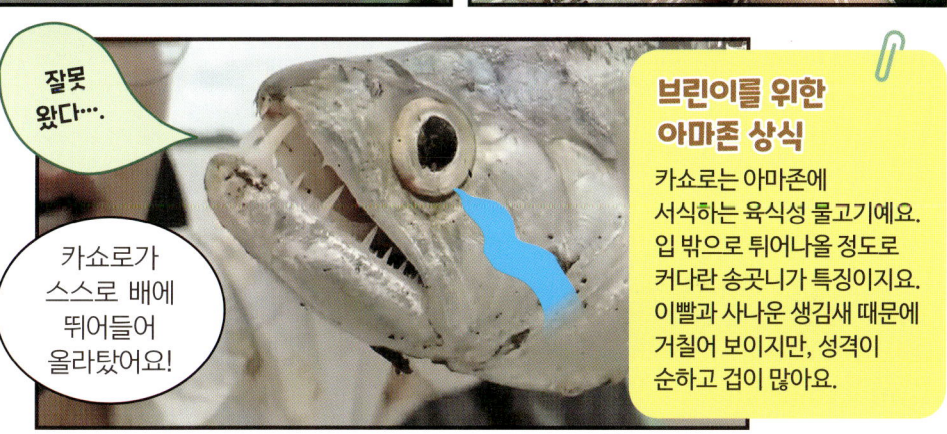

정브르의 생물 탐구

'관상어'란 멋진 생김새를 가져 수조나 연못에서 기르며 관찰할 수 있는 물고기를 뜻해요. 아마존에도 관상어로 유명한 물고기들이 살고 있어요.

★정브르의 생물 탐구★

생물 이름: 실버아로와나

대표적인 대형 관상어인 실버아로와나는 아래턱이 위턱보다 길게 나와 있는 특이한 모습을 가지고 있어요. 한국에서도 인기가 많은 관상어지만, 최대 1m까지 자라는 대형 물고기이기 때문에 키우기 전 많은 준비가 필요해요.

★정브르의 생물 탐구★

생물 이름: 디스커스

디스커스는 몸길이 20cm 정도의 작은 열대어로, 몸 색상이 선명하고 아름다워서 관상어로 인기가 많아요. 몸이 납작하고 둥근 모양의 디스커스는 몸에 줄무늬가 있는 개체도 있고, 없는 개체도 있어요.

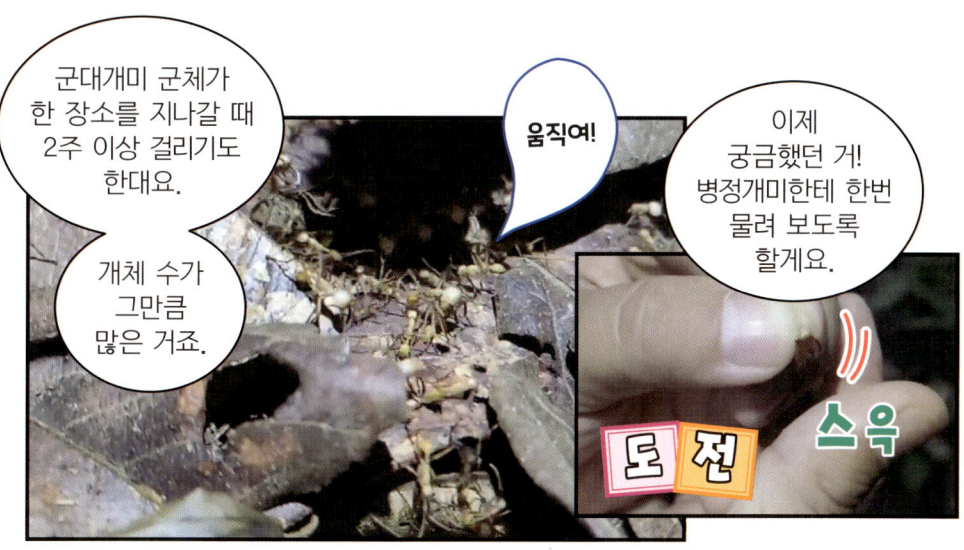

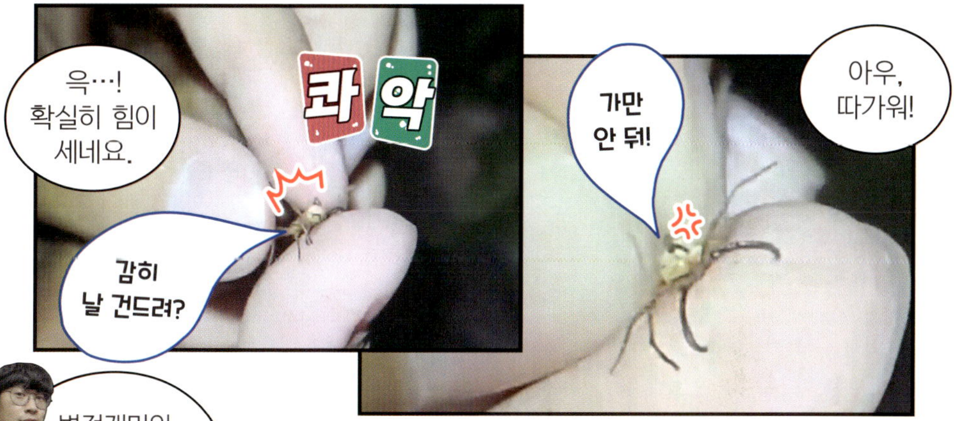

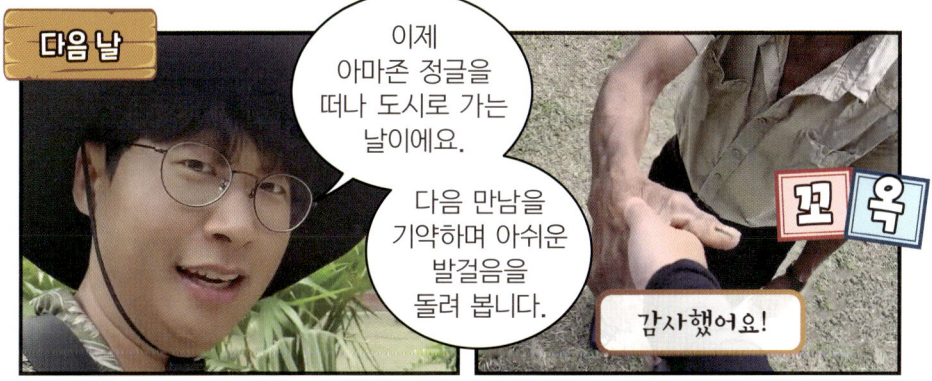

볼거리가 가득한 아마존 시장!

새우인가?

보라색 꽃게다!

제가 잡고 싶어 했던 '피콕배스'네요!

브린이를 위한 아마존 상식
피콕배스의 꼬리 부분에는 눈처럼 보이는 검은 점 무늬가 있어요. 그래서 피콕배스를 '아이 스팟'이라고 부르기도 하죠.

꼬리에 점 무늬가 신기해요!

파쿠는 한국 돈으로 7천 원 정도 하고,

피콕배스는 6천 원 정도네요.

'꼬르비나'라는 생선이라고 합니다.

정말 독특하게 생겼네요.

꼬르비나

정브르의 생물 탐구

곤충 중에는 사람이 먹을 수 있는 곤충도 있어요.
주로 단백질 보충에 큰 도움을 준답니다.

★정브르의 생물 탐구★

곤충 이름: 밀웜

대표적인 식용 곤충으로, 딱정벌레인 '갈색거저리'의 유충을 밀웜이라고 불러요. 고슴도치, 햄스터 등의 동물을 사육할 때 먹이로 쓰이고, 사람이 먹어도 되는 곤충이에요.

★정브르의 생물 탐구★

곤충 이름: 풀무치

시골에서 자주 볼 수 있는 풀무치(메뚜깃과)도 사람이 먹어도 되는 식용 곤충이에요. 주로 볶거나 튀겨서 먹고, 건조시켜서 동물의 사료로 쓰기도 해요.

정답

38~39p

88~89p

140~141p

정브르의 동물 퀴즈 도감

땅에 사는 동물,
물을 오가는 동물,
하늘을 나는 동물을 주제로

신기하고 재미있는
동물 퀴즈를 풀어요!

호기심 동물 퀴즈

생생한 동물 관찰

ⓒ정브르. ⓒSANDBOX NETWORK.

서울문화사
구입 문의: 02-791-0708

130만 유튜버 탁주쪼꼬
첫 번째 오리지널 시리즈

진짜 탁주쪼꼬의 세계,
지금 시작합니다!

원작 탁주 쪼꼬 | 만화구성 최진규 | 게임 콘텐츠 및 감수 오규환 교수 | 값 15,000원

추천해요!
탁주쪼꼬의 게임 속 모험을
그대로 즐기고 싶다면!

직접 코딩하며
크리에이터로 성장하는
특별한 경험을 하고 싶다면!

함께 배우는 게임 팁과
탁주쪼꼬가 직접 선별한
추천 게임이 궁금하다면!

서울문화사 로블록스 추천도서

❶ **로블록스 초보자 가이드**
뉴비를 위한 전문가의 리뷰

❷ **로블록스 최강 게임 백과**
로블록스 유저의 필독서

❸ **101 로블록스 스페셜 가이드**
로블록스 유저를 위한 스페셜 가이드

ⓒ탁주쪼꼬, ⓒSANDBOX NETWORK.

구입 문의 (02)791-0708 서울문화사

브린이를 위한 도서!

정브르의 곤충일기
값 13,000원